Rechtschreibung & Grammatik

Name: ....

Klasse: ....

1. Klasse

AF549638

circon

Baierbrunner Straße 27, 81379 München
Ausgabe 2019

Textauswahl und Übungen: Svenja Ernsten
Redaktion: Felicitas Szameit
Produktion: Ute Hausleiter
Illustrationen: siehe Bildnachweis S. 64
Titelabbildung: Jutta Wetzel
Gestaltung: Grafikdesign Storch, Ulrike Vohla, Rosenheim
Umschlaggestaltung: red.sign GbR, Stuttgart

ISBN 978-3-8174-2172-5
381742172/1

Besuchen Sie uns auf Instagram und Facebook:
circonverlag

www.circonverlag.de

Hallo zusammen!

Wir sind Edwin und Jari und wir lieben Bücher! Egal, ob es sich um spannende Geschichten, interessante Sachtexte oder um schöne Gedichte handelt – uns schmeckt alles! Wir hoffen, dass wir mit unserer kleinen Textsammlung auch deinen Geschmack getroffen haben.

Zu jedem Textstück gibt es ein paar Aufgaben, mit denen du Rechtschreibung und Grammatik trainieren kannst. Hast du einen Aufgabenblock gelöst, darfst du aus dem Stickerbogen ein Bildchen deiner Wahl herauslösen und damit die witzige Zeichnung am Ende des Buches vervollständigen.

Viel Spaß beim Lesen und Rätseln!

Inhaltsverzeichnis

Laute Pauls erster Schultag 6
Tiere im Garten 8

Silben Bei uns auf dem Bauernhof 10
Lasse in der ersten Klasse 12

Wörter schreiben
Wie die Kinder der Indianer lebten 14

Reime Der verrückte Bauernhof 16
Die Feder 18

Endlaute Bauernhoftiere 20

Vokale (Selbstlaute) Karneval in der Schule 22

Au, au Die Wohnung der Maus 24

Ei, ei Das schönste Ei der Welt 26

Eu, eu Eulen 28

Sch, sch Kalle, Theo und die wild gewordene
Waschmaschine 30

Ck, ck Schnecken 32

Pf, pf Regenwetter 34

Sp, St Das Gespenst spielt 36

Qu, qu So ein Quatsch! 38

Ng, ng Die Schlange 40

Endungen -el, -en, -er Die Tulpe 42

Silben mit Vokalen (Selbstlauten) Wie das duftet! 44

Umlaute Feldmaus und Fuchs 46

Nomen (Namenwörter) Der Buchstabenvogel 48

Wortgrenzen Bei uns Bienen 50

Große und kleine Buchstaben Enjo lebt in der Savanne 52

Großschreibung am Satzanfang

Die Olchis aus Schmuddelfing 54

Das Kaninchen 56

Lösungen 58

Pauls erster Schultag

Heute ist Pauls erster Schultag.
Er zieht seine Jacke an.
Stolz trägt er seinen Ranzen und
seine Schultüte mit der Rakete. Sein Herz klopft laut.
Mit Mama und Papa läuft er zum Schulhof.
Dort trifft er seine Freunde.
Von Max' Schultüte grinst ein Dino.
Lena hat eine Schultüte mit einer Katze.

Male den passenden Anlaut an.

R L

S D

2. Wie viele Laute haben die Wörter? Male so viele Kreise an.

3. Streiche die falschen Anlaute durch.

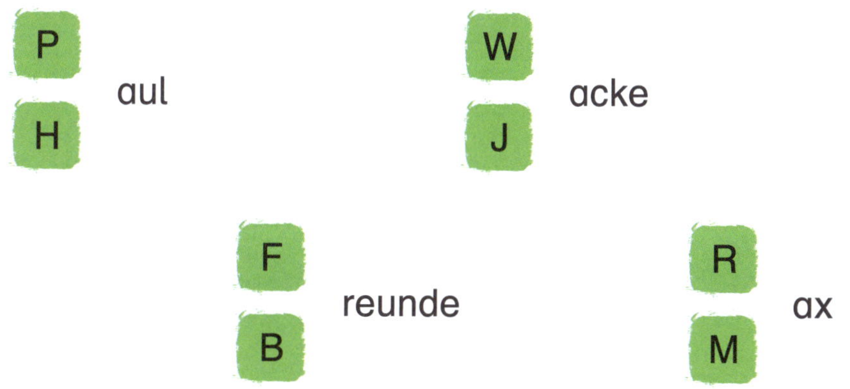

4. Bilde aus den Lauten ein Wort und schreibe es auf.

Tiere im Garten

Im Garten leben viele Tiere.
Der Igel und die Maus
verstecken sich in der Hecke.
Der Regenwurm und die Ameise
kriechen durch die Erde.
Im Baum baut die Amsel ein Nest.
Der Schmetterling und die Biene
fliegen von Blume zu Blume.

Welche Wörter beginnen mit einem **B**? Male sie an.

2. Wo hörst du ein **M** in den Wörtern? Kreuze an.

3. Welche Tiere beginnen mit dem gleichen Anlaut? Verbinde.

4. Verbinde die Laute in der richtigen Reihenfolge und schreibe die Wörter auf.

Bei uns auf dem Bauernhof

Im Sommer gibt es von früh bis spät etwas auf den Feldern zu tun.

Die Erbsen und Kartoffeln brauchen jeden Tag viel Wasser.

Heute macht Tom wieder Heu. Das ist im Winter und im Frühling gutes Futter für die Kühe und Pferde. Mit dem Mähwerk geht alles ganz schnell.

(Text aus: Böse, Susanne, Superleser! Bei uns auf dem Bauernhof, 1. Lesestufe, Sachgeschichten für Leseanfänger, Dorling Kindersley Verlag 2016, S. 26/27.)

Klatsche die Silben und zeichne Bögen.

Erbsen ....

Kartoffeln ....

Pferde ....

Heu ....

Du kannst die Silben auch hüpfen.

2. Wie viele Silben hat dein Name?

Tom

3. Kreise alle Wörter mit zwei Silben ein.

4. Verbinde die Silben zu Wörtern.

Lasse in der ersten Klasse

Ich bin Lasse, und wenn ich groß bin,
dann werde ich Astronaut oder
Wurstverkäufer. (...)
Wenn man Astronaut ist,
dann hat man eine eigene Rakete
und kann zum Mond fliegen,
wann man will. Aber wenn man
Wurstverkäufer ist, dann kann
man am Tag hundert Scheiben
Mortadella essen und immer
ohne Brot, und das ist natürlich auch super.
Mama sagt, das kann ich mir noch in Ruhe überlegen.

(Text aus: Welk, Sarah, Lasse in der ersten Klasse, arsEdition 2018, S. 7/8.)

Wie viele Silben haben die Wörter? Klatsche.

2. Welche Wörter haben zwei Silben?
Kreise sie ein.

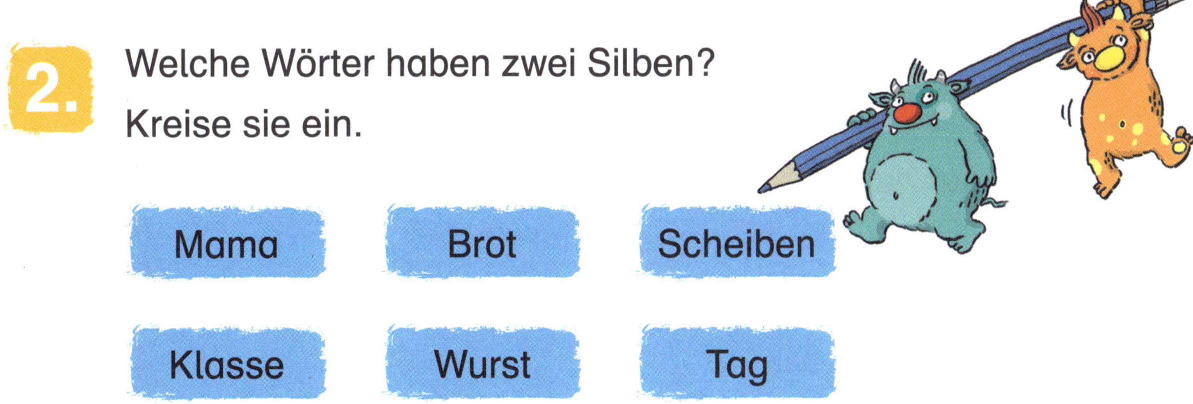

3. Wie viele Silben haben die Wörter? Verbinde richtig.

4. Wie heißt diese Wurst? Setze die Silben richtig zusammen.

Wie die Kinder der Indianer lebten

(…) Die Mütter hatten ihre kleinen Kinder immer bei sich.
Sie trugen sie in Babytragen auf dem Rücken. (…)
Die Mädchen spielten mit kleinen Tipis und mit
Puppen aus Hirschleder.
Schon früh halfen sie ihren Müttern im Haushalt und
auf dem Feld.
Die Jungen spielten meist „auf die Jagd gehen“.
Die Väter brachten ihnen den Umgang mit Pfeil und Bogen bei.

(Text aus: Scheithauer, Falk, Das will ich wissen. Indianer, Arena Verlag 2002, S. 37–39.)

1. Setze die Buchstaben ein.

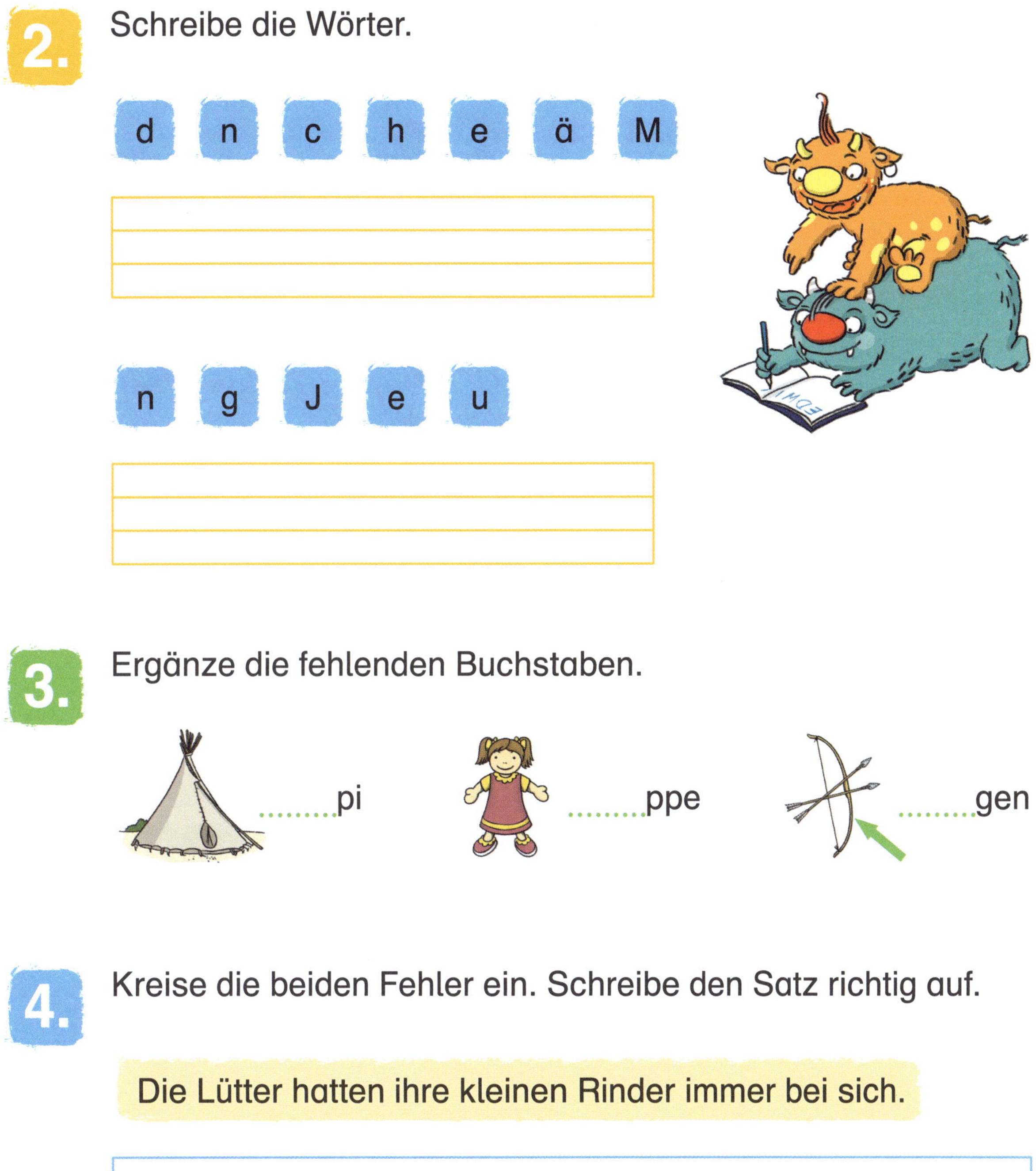

2. Schreibe die Wörter.

d n c h e ä M

n g J e u

3. Ergänze die fehlenden Buchstaben.

.........pi ....ppe ....gen

4. Kreise die beiden Fehler ein. Schreibe den Satz richtig auf.

Die Lütter hatten ihre kleinen Rinder immer bei sich.

Der verrückte Bauernhof

Die Gans läuft ohne Federn rum,
die Maus, die bringt die Katze um.
Das Huhn hat nur fünf Beine,
die Biene sammelt Steine.
Die Kuh gibt hundert Liter Bier.
Die Ziege spielt auf dem Klavier.
Das Schwein liegt auf dem Sofa.
Die Enten fahren Mofa.

(Text aus: Heine, Helme, Sieben wilde Schweine, Middelhauve Verlag 1986, S. 104–110.)

1. Verbinde die Reimwörter miteinander.

2. Was reimt sich auf **um**? Kreise alle Reimwörter ein.

3. Welches Wort reimt sich nicht?
Streiche es durch.

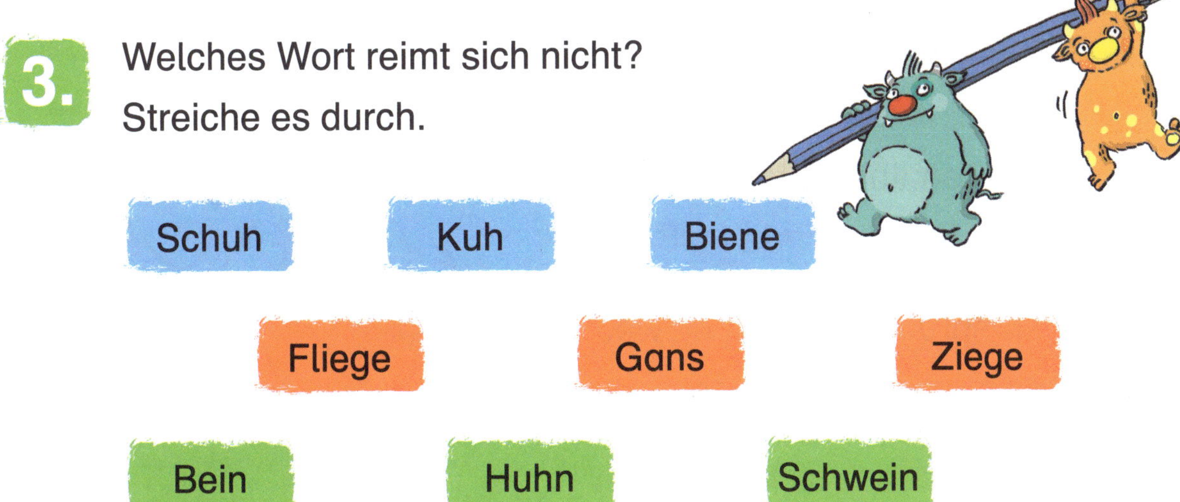

Schuh Kuh Biene

Fliege Gans Ziege

Bein Huhn Schwein

4. Notiere die Reimwörter.

Tatze →

Schiene →

Haus →

Hans →

Die Feder

Ein Federchen flog über Land;
Ein Nilpferd schlummerte im Sand.

Die Feder sprach: „Ich will es wecken!"
Sie liebte, andere zu necken.

Aufs Nilpferd setzte sich die Feder
Und streichelte sein dickes Leder.

Das Nilpferd öffnete den Rachen
Und musste ungeheuer lachen.

(Text aus: Ringelnatz, Joachim, Ich bin so knallvergnügt erwacht. Die besten Gedichte, marix Verlag/Verlagshaus Römerweg 2016, S. 20.)

Welches Wort reimt sich auf **Nilpferd**? Umkreise es.

2. Verbinde die Reimwörter miteinander.

3. Diese Wörter reimen sich auf **Land**. Male sie.

Hand

Strand

4. Welches Wort reimt sich nicht auf **lachen**? Streiche es durch.

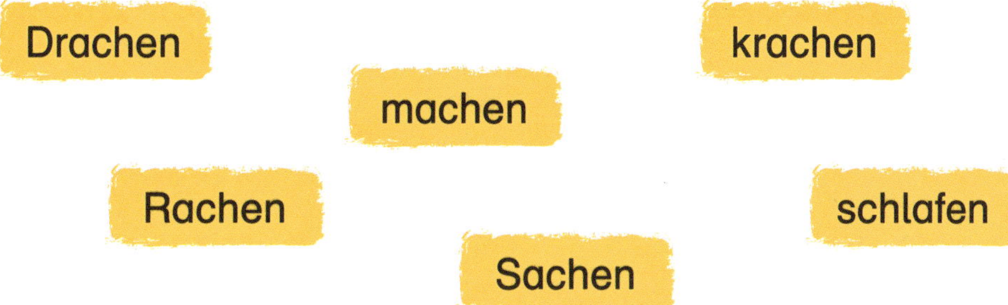

Bauernhoftiere

Am häufigsten werden Rinder, Hühner und Schweine auf Bauernhöfen gehalten. Aber es gibt auch noch andere Tiere, die hier leben: (…)

Ziegen sind überhaupt nicht scheu und lassen sich gerne kraulen. Aber Bauern mögen sie nicht nur deshalb – die Weibchen geben Milch, aus der vor allem leckerer Käse gemacht wird. (…)

Schafe mögen es gesellig und leben gerne in großen Herden. Im Winter wächst ihnen ein dichtes Fell. Aus dieser Schafswolle werden Kleidung, Matratzen und Bettdecken hergestellt.

(Text aus: Ernsten, Svenja, Schauen und Wissen!
Der Bauernhof. Ein Lebensraum für Tiere und Pflanzen,
Hase und Igel Verlag 2015, S. 22.)

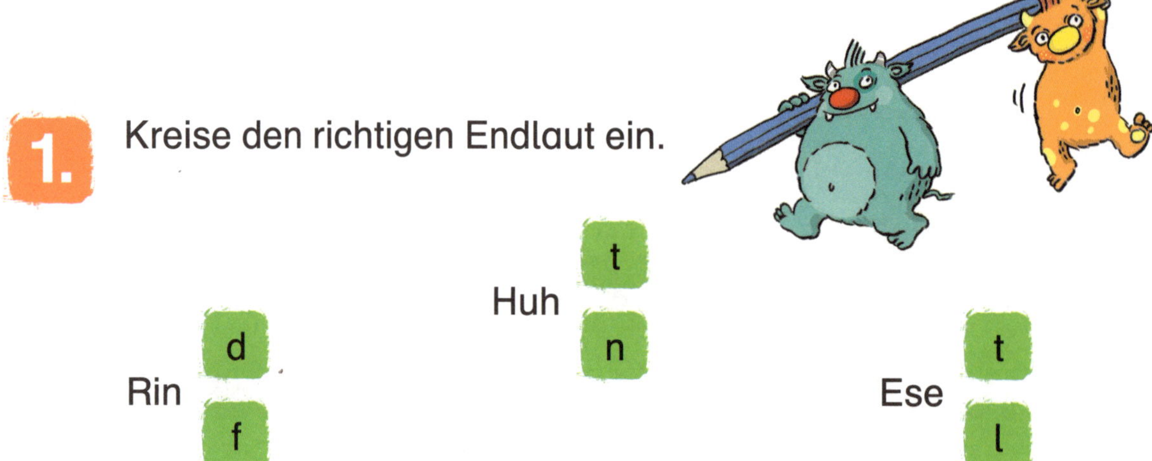

1. Kreise den richtigen Endlaut ein.

Rin d / f

Huh t / n

Ese t / l

2. Verbinde die Wörter mit dem richtigen Endlaut.

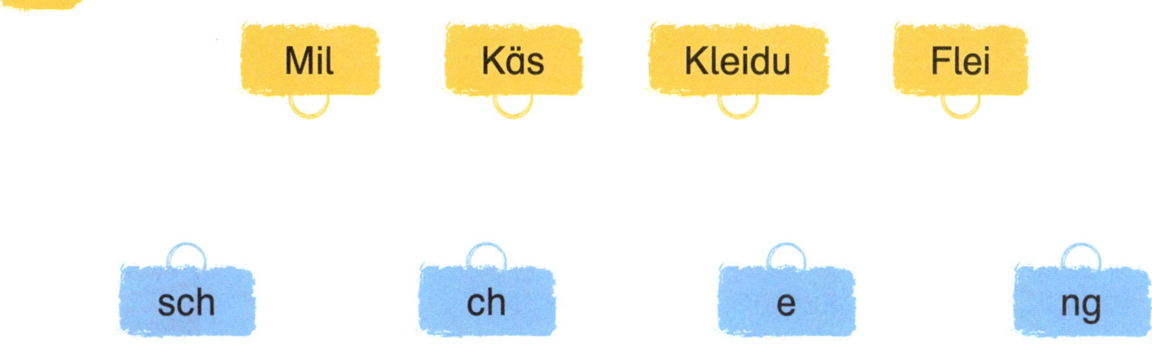

3. Bilde Wörter aus den Lauten.

4. Setze die passenden Endlaute ein.

e d n l

Hun.........   Katz.........

Ese.........   Kaninche.........

Karneval in der Schule

Heute wird in der Schule Karneval gefeiert. Die Lehrerin hat die Klasse mit Luftballons und Girlanden geschmückt.
Die Kinder der 1b haben sich verkleidet: Ein Koch, eine Prinzessin, eine Hexe und ein Ritter machen Stopptanz. Ein Einhorn und ein Tiger trinken Limonade. Ein Pirat wirft Konfetti in die Luft und ruft: Helau!

1. Male alle Ballons mit Vokalen (Selbstlauten) bunt an.

2. Welche Vokale (Selbstlaute) hörst du? Male sie an.

3. Spure alle Vokale (Selbstlaute) in den Wörtern nach.

Prinzessin Luftballons

Girlanden

Karneval

4. Setze die Vokale (Selbstlaute) in die Wörter ein.

Die Wohnung der Maus

Ich frag' die Maus:
Wo ist dein Haus?
Die Maus darauf erwidert mir:
Sag's nicht der Katz', so sag ich's dir.
Treppauf,
treppab,
erst rechts,
dann links,
dann wieder rechts,
und dann grad'aus –
da ist mein Haus,
du wirst es schon erblicken!
Die Tür ist klein,
und trittst du ein,
vergiss nicht, dich zu bücken.

(Trojan, Johannes, Die Wohnung der Maus, in: Hoß, Stefanie (Hrsg.), Die Wohnung der Maus … und viele andere lustige Gedichte für Erstleser in Grundschrift mit Silbentrennung, CreateSpace Independent Publishing Platform 2015, S. 31.)

1. Spure alle **au** nach.

grau Traum aus

treppauf Mauer Haus

2. Kreise alle Wörter mit **au** ein.

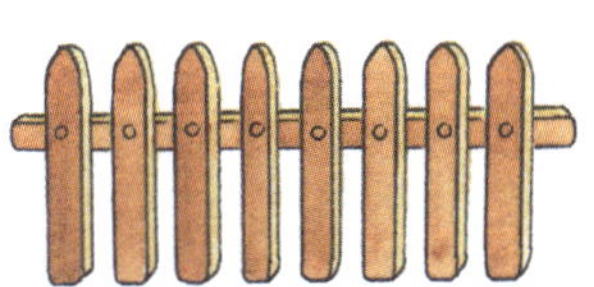

3. Welche Wörter reimen sich auf **Maus**? Unterstreiche sie.

Haus

Laus

Mücke

aus

Strauß

Klaus

4. Wo hörst du **au**? Kreuze an.

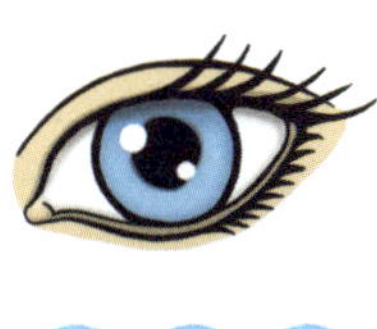

Das schönste Ei der Welt

Es waren einmal drei Hühner –
Pünktchen, Latte und Feder, die stritten sich,
wer die Schönste von ihnen sei.
Pünktchen besaß das schönste Kleid.
Latte hatte die schönsten Beine.
Und Feder trug den schönsten Kamm.
Weil sie sich nicht einigen konnten,
beschlossen sie, den König um Rat
zu fragen.

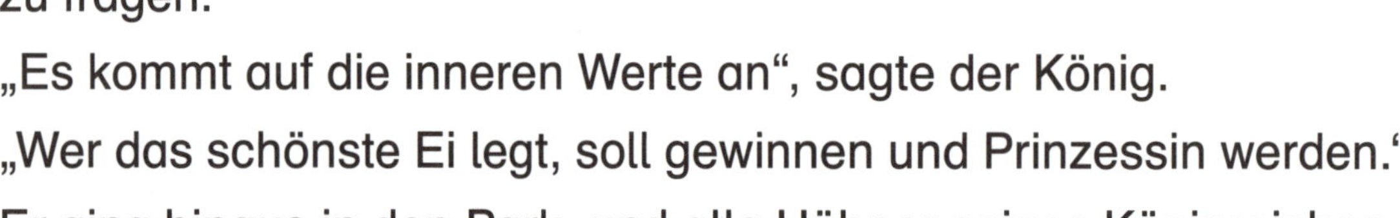

„Es kommt auf die inneren Werte an“, sagte der König.
„Wer das schönste Ei legt, soll gewinnen und Prinzessin werden.“
Er ging hinaus in den Park, und alle Hühner seines Königreiches
folgten ihm.

(Text aus: Heine, Helme, Das schönste Ei der Welt, Beltz & Gelberg Verlag 2017, S. 5–12.)

1. Male um alle **Ei** ein buntes Ei herum.

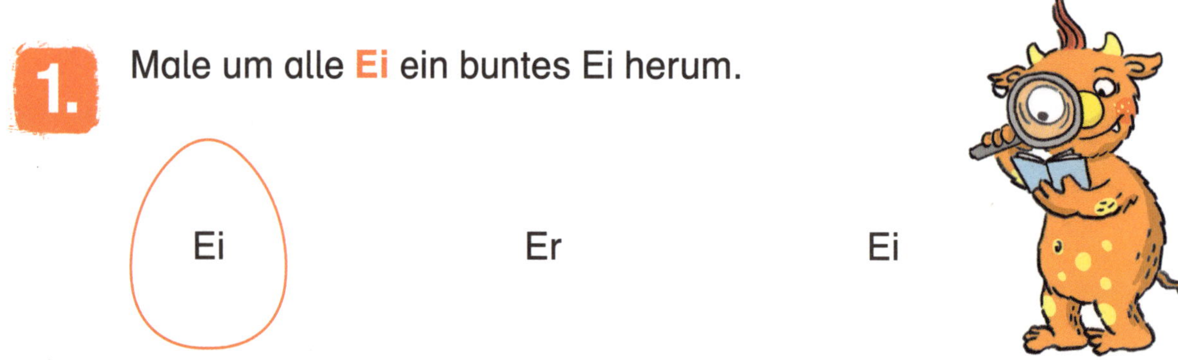

Ei Er Ei

Ei Ei Ee

2. Wo hörst du ei? Kreuze an.

3. Setze Ei, ei in die Wörter ein.

Es waren einmal dr........ Hühner.

Sie stritten sich, wer die Schönste von ihnen s........ .

Pünktchen besaß das schönste Kl........d.

Sie konnten sich nicht ....nigen.

Wer das schönste .... legt, soll gewinnen.

4. Ergänze Ei, ei und schreibe die Wörter auf.

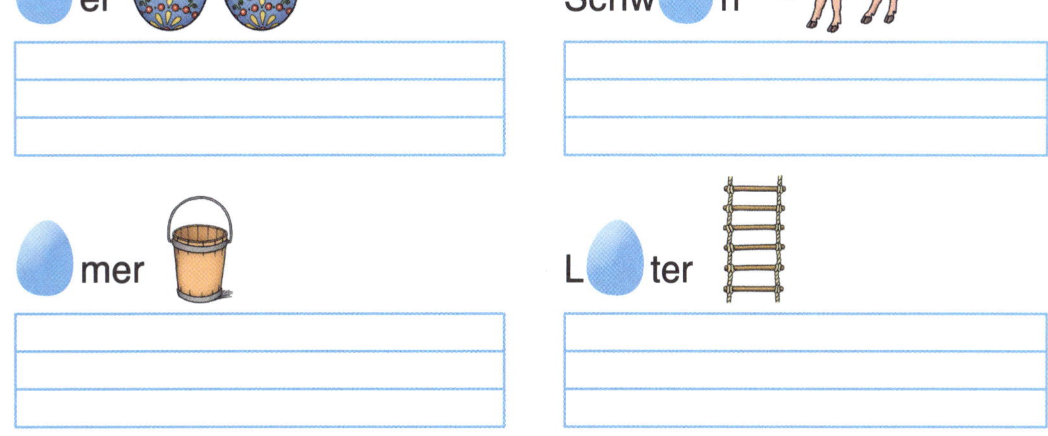

Eulen

Eulen leben in Wäldern, Scheunen oder Türmen. Sie schlafen tagsüber und gehen nachts auf die Jagd. Zu ihrer Beute gehören Mäuse, Vögel, Schnecken und Käfer. Es gibt verschiedene Eulenarten: die Schleiereule, den Uhu und den Kauz. Der Kauz heult nachts besonders laut. Die Tiere rufen, wenn sie einen Partner suchen. Eulen sind sehr treue Tiere. Sie bleiben meist ihr Leben lang mit einem anderen Vogel zusammen.

Kreise alle **Eu**, **eu** grün ein.

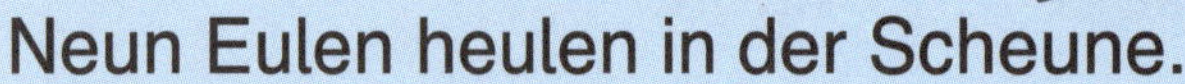

Neun Eulen heulen in der Scheune.

2. Welche Wörter reimen sich? Verbinde.

3. Setze **eu** ein.

Die Eule ist kein Ungeh.........er.

Der Kauz h.........lt nachts.

Eulen und Mäuse sind keine Fr.........nde.

4. Schreibe Wörter mit **eu**.

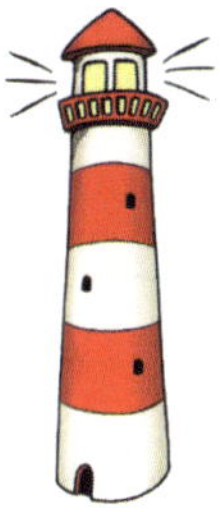

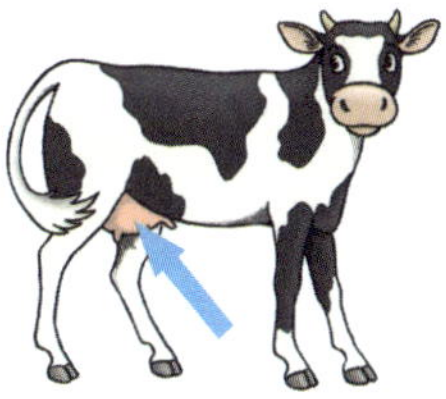

Kalle, Theo und die wild gewordene Waschmaschine

Kalle und Theo gingen ins Haus, wo seit gestern eine riesig große Waschmaschine im Wohnzimmer stand. Die war mit der Post gekommen und ein Geschenk von Kalles Oma Trudi.
„Ich werde den Waschsalon meiner Oma weiterführen“, erklärte Kalle. „Und dafür müssen wir jetzt Werbeplakate entwerfen.“
„Verstehe“, sagte Theo. „Damit jeder weiß, wohin er seine schmutzige Wäsche bringen kann.“
Sie setzten sich mit Stiften und einem Stapel Papier an den Tisch, schalteten das Radio ein und überlegten … (…)
„Läufst du vor einem Wildschwein weg, ist deine Hose voller Dreck …“, sagte Theo und kicherte.

(Text aus: Richert, Katja, Kalle, Theo und die wild gewordene Waschmaschine, Loewe Verlag 2014, S. 9–11.)

Wie oft hörst du ein **sch** in den Wörtern?

2. Setze **Sch** oder **sch** ein.

Wa.........salon ....mutzig Wild.........wein

ein.........alten Wä.........e ....al

3. Welches Tier passt hier nicht dazu? Streiche es durch.

4. Bilde aus den Lauten ein Wort und schreibe es auf.

i a W sch m a n sch e

____

Schnecken

Die Weinbergschnecke trägt ein Haus auf ihrem Rücken. Sie lebt in der Hecke. Die Nacktschnecke hat ihren Namen, da sie kein Haus besitzt. Wenn es regnet, verlässt sie ihr Versteck. Die Ackerschnecke lebt auf dem Feld und klettert gern an Pflanzen hoch. Die Tigerschnecke besitzt graue Flecken auf dem Rücken. Die Posthornschnecke lebt im Wasser. Sie hat ein dickes Haus.

Was siehst du? Schreibe die Wörter auf.

2. Welche Wörter reimen sich auf **Schnecke**?
Male diese Blätter an.

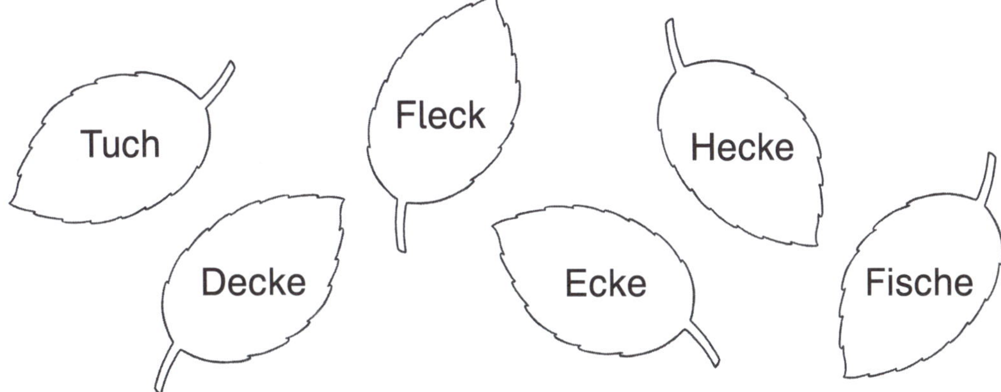

3. Nur ein Wort hat ein **ck**. Streiche alle anderen Wörter durch.

4. Ergänze die Sätze.

Die Weinbergschnecke
trägt ein Haus auf ihrem ______ .

Die Tigerschnecke besitzt graue ______ .

Wenn es regnet,
verlässt die Nacktschnecke ihr ______ .

Regenwetter

Plitsche, platsche,
eins, zwei, drei,
gehn wir vier
in einer Reih.

Stipfe, stapfe,
durch die Pfütze,
auf dem Kopf
die Regenmütze.

Auf die Erde
um uns her,
klatschen Tropfen
mehr und mehr.

Plitsche, platsche,
eins, zwei, drei,
langsam wird man
nass dabei.

Stipfe, stapfe,
schnell ins Haus,
ziehn ruckzuck
die Sachen aus.

Ziehn uns
trockne Sachen an,
draußen bleibt
der Schnupfenmann.

(Ruthenberg, Anja, Regenwetter, in: Ruhl, Klaus (Hrsg.), Das große „spielen und lernen"-Jahrbuch für Kinder. Mein buntes Jahr in der Natur, Velber Verlag 2004, S. 102.)

1. Male die Wörter.

Pfütze Kopf Tropfen

2. Setze **pf** ein.

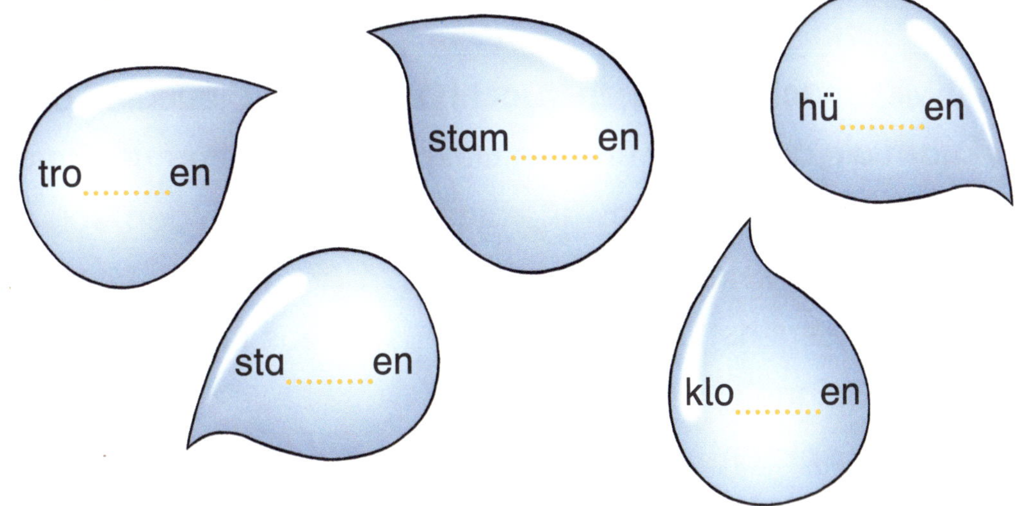

3. Wer bleibt draußen? Schreibe auf.

4. Diese Wörter reimen sich auf **Kopf**. Schreibe sie auf.
Kreise **pf** ein.

Das Gespenst spielt

Es ist Mitternacht. Durch das Dachbodenfenster leuchten die Sterne. Da knarrt die alte Truhe und ein Gespenst steigt heraus. Das Gespenst streicht sein Gewand glatt und schaut in den Spiegel.
„Heute hab' ich keine Lust zu spuken",
denkt das Gespenst und holt sein Haustier aus der Truhe:
die kleine Spinne.
„Komm, wir spielen!", ruft das Gespenst.
Das Gespenst baut mit seinen Bausteinen
ein Spukschloss.
Die Spinne springt durch das Tor hinein.

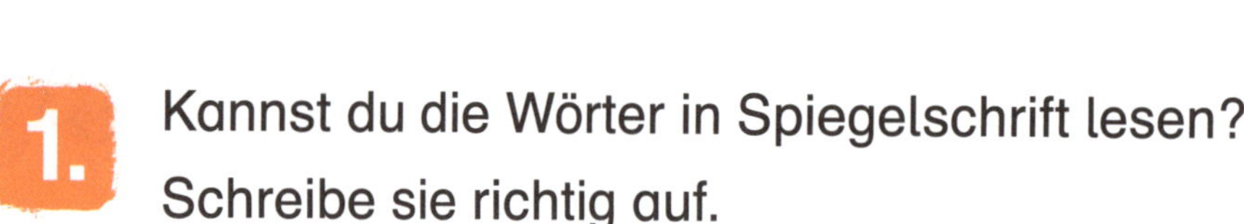

1. Kannst du die Wörter in Spiegelschrift lesen?
Schreibe sie richtig auf.

Spiegel

Spukschloss

Spiel

Spaß

2. Setze ein. **spielen** **spuken**

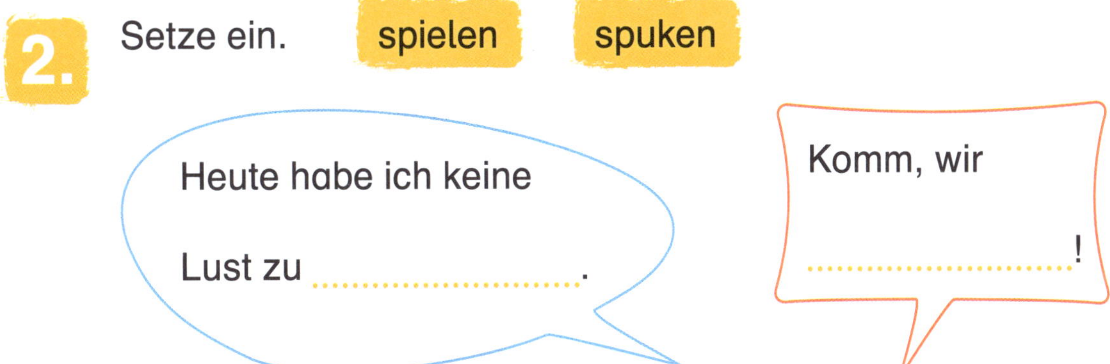

3. Setze **Sp**, **sp** oder **St**, **st** ein.

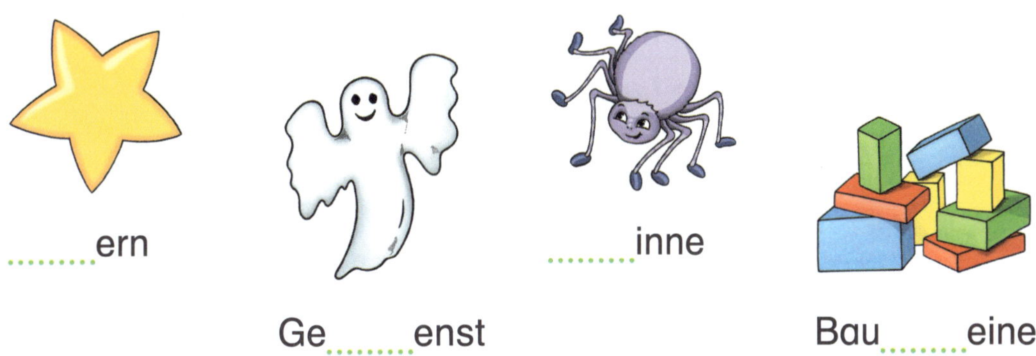

........ern

Ge........enst

........inne

Bau........eine

4. Passt **sp** oder **st**? Streiche den falschen Laut durch.

Das Gespenst sp/st eigt aus der Truhe.

Es sp/st reicht sein Gewand glatt.

Die Spinne sp/st ringt durch das Tor hinein.

So ein Quatsch!

Das Nilpferd frisst Quark.
Die Qualle tanzt.
Der Löwe spielt Quartett.
Der Elefant qualmt.
Der Bär quiekt.
Der Affe spielt Querflöte.
Der Papagei quakt.
Der Flamingo schwimmt im Aquarium.
Der Tiger hat Querstreifen.
So ein Quatsch!

1. Kreise alle **Qu**, **qu** im Text mit einem roten Stift ein.
Schreibe **Qu** und **qu**.

2. Ergänze.

Der Affe spielt ______________________.

Der Tiger hat ______________________.

3. Verbinde die Wörter mit den Bildern.

Setze die Wörter richtig ein.

Der Frosch ______________________.

Der Schornstein ______________________.

Das Schwein ______________________.

Die Schlange

Hoch oben in den Bäumen lebt die grüne Baumpython. Sie ist als Jungtier in einem leuchtenden Gelb, Rot oder Rot-Braun gefärbt. Es hört sich komisch an, aber vermutlich hilft ihr die kräftige Hautfarbe bei der Tarnung. Die Schlange wird bis zu zwei Meter lang. (...)
Die Schlange wickelt ihren Körper um einen Ast und hängt dort ganz ruhig. Kommt ein Vogel oder eine Maus in ihre Nähe, schnappt sie das Tier mit ihren spitzen Zähnen und erwürgt es. Wusstest du, dass Schlangen mit der Zunge riechen?

(Text aus: Ernsten, Svenja, Die Sachtextforscher. Von Tigern, Schlangen und Krokodilen, Circon Verlag 2018, S. 10/11.)

Notiere die Wörter mit ng.

JUNGTIERTARNUNGLANGHÄNGEN

2. Welche Wörter reimen sich auf **Schlange**? Kreuze sie an.

◯ Zange
◯ lange
◯ Stange
◯ Wange
◯ Zähne
◯ Nähe

3. Verbinde die Buchstaben in der richtigen Reihenfolge.

Z G U N E

Schlangen riechen mit der ______________.

4. Setze **ng** ein.

Hä……ematte

Schmetterli……

Kä……uru

Ju……e

Die Tulpe

Die Zwiebel liegt den Winter über gut geschützt im Boden. Sie besteht aus vielen Blätterschichten. Die Blätter speichern Wasser und Nährstoffe. Im Inneren versteckt sich eine Minitulpe. Im März wächst oben aus der Zwiebel eine grüne Spitze heraus. Sie folgt dem Licht und durchstößt die Erde. Das sind die ersten Blätter der Tulpe. In den nächsten Wochen schieben sich die Blätter weiter nach oben. Sie sind länglich und noch eingerollt. Auch der Stängel mit der Knospe kommt zum Vorschein. Die Knospe besteht aus sechs Blütenblättern. Durch die Sonne haben sich die Blütenblätter mit der Zeit verfärbt. Im Mai öffnen sie sich dann weit.

(Text aus: Ernsten, Svenja, Was wird denn das? Spannende Verwandlungen von Tieren und Pflanzen, Kosmos Verlag 2018, S. 18/19.)

1. Kreise die richtige Endung ein.

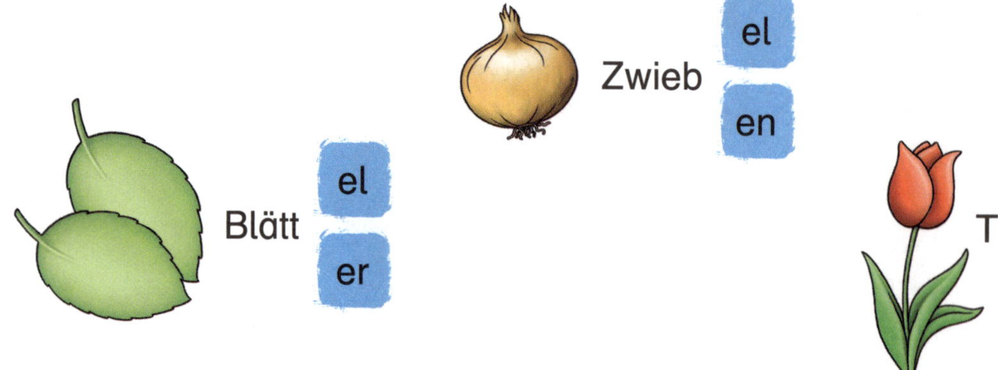

2. Spure **en** nach.

Boden Wochen oben öffnen

3. Welche Wörter haben die Endung **-er**? Unterstreiche sie.

4. Beschrifte das Bild mit den Wörtern. Male es dann farbig aus.

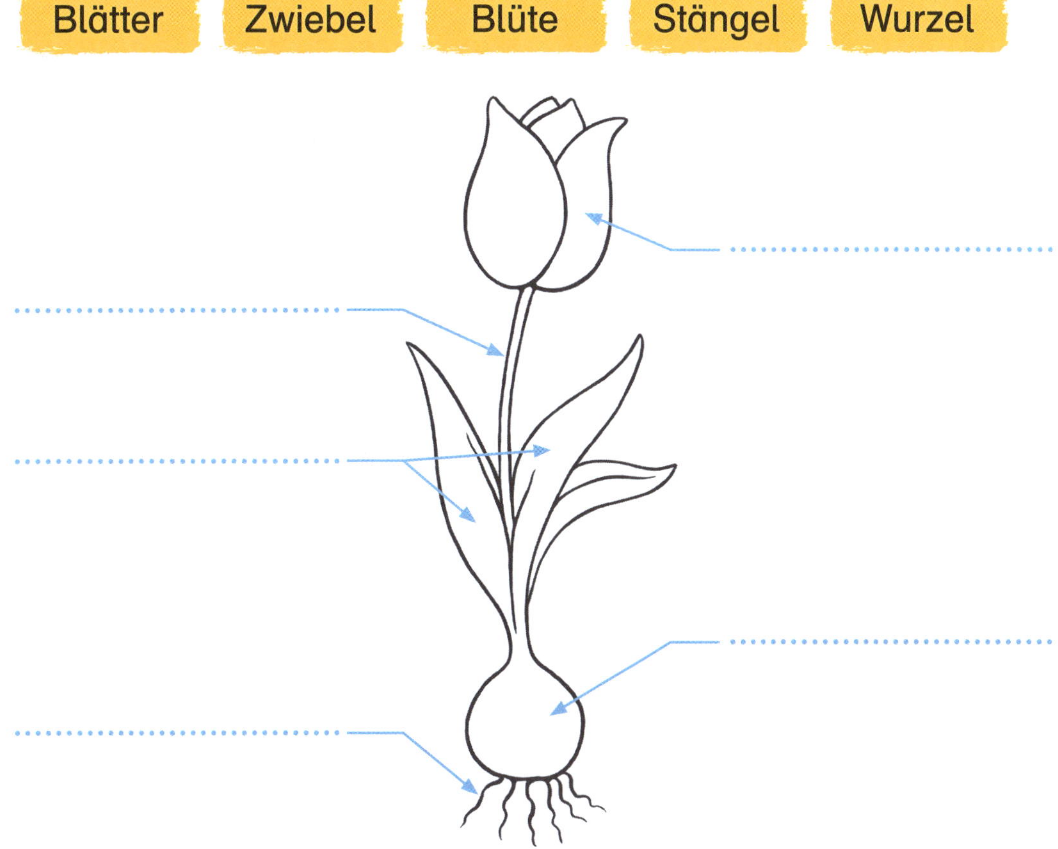

Wie das duftet!

Hast du Lust auf ein Experiment? Verbinde dir die Augen, halte deine Nase zu und lasse dir von deinen Eltern verschiedene Obststücke in den Mund stecken: Apfel oder Birne? Kiwi oder Banane? Ohne deinen Geruchssinn schaffst du es kaum, sie zu unterscheiden. Doch er hilft dir nicht nur beim Schmecken. Vor allem beschert er dir unzählige angenehme Eindrücke. So vieles duftet einfach herrlich: bunte Blumen, frisch geschnittenes Gras, ein neues Buch, ein Stück Holz – oder ein anderer Mensch. (…)
Viele unserer Erinnerungen sind mit Gerüchen verbunden. Auch das kannst du ausprobieren. Schnüffle mal an der Sonnencreme im Badezimmer. Wahrscheinlich hast du sofort Bilder von Strand und Freibad im Kopf. Stimmt's?

(Text aus: GEOmini, Heft 11 (2018), S. 19/20.)

1. Setze **a**, **e**, **i**, oder **u** ein.

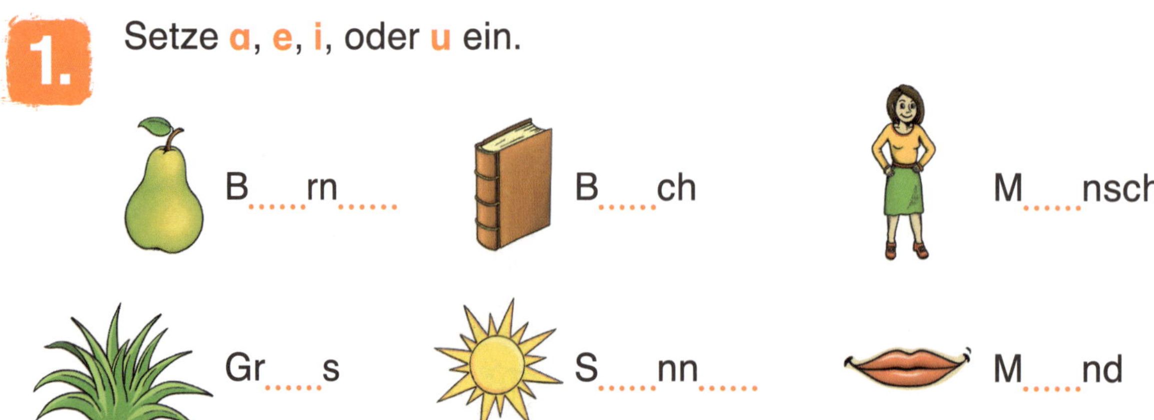

B……rn……
B……ch
M……nsch
Gr……s
S……nn……
M……nd

2. Zeichne Silbenbögen und kreise die Vokale (Selbstlaute) ein.

Holz ....

Nase ....

Apfel ....

Kiwi ....

Banane ....

3. Klatsche die Wörter. Verbinde die Bilder mit den Silbenbögen.

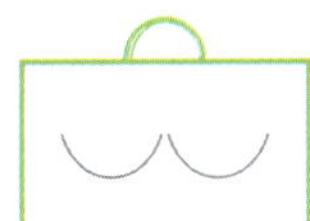
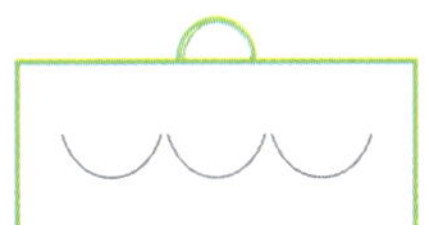

4. Setze die Vokale ein.

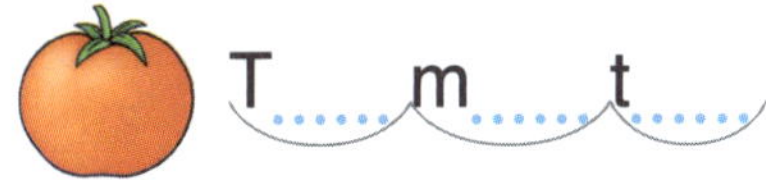

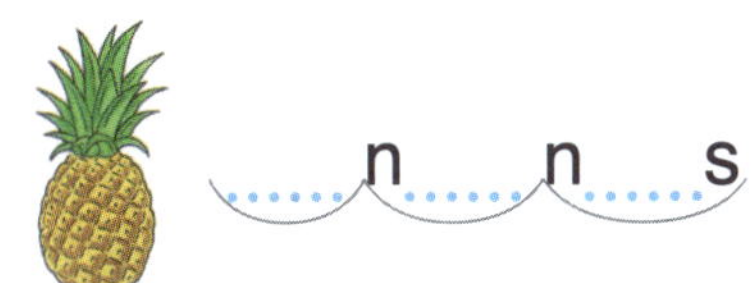

Feldmaus und Fuchs

Die Feldmaus

Weil Mäuse so klein und flink sind, siehst du sie oft nur zufällig. Aber es gibt eine ganze Menge von ihnen in unseren Gärten, Parks, auf den Feldern und in der Stadt. Sie haben braunes oder graues Fell und fressen Schnecken, Nüsse, Früchte und Insekten. (…) Wohnt vor deiner Haustür eine Maus?

Der Fuchs

Der Fuchs ist ein echter Räuber. Sein Fell ist rotbraun und weiß, und er hat einen buschigen Schwanz. Bei uns lebt der Fuchs in Wäldern, immer öfter aber auch in der Nähe von Ortschaften und Städten. (…) Am liebsten mag er Mäuse, Vögel und Regenwürmer, er frisst aber auch Insekten und Beeren und manchmal sogar die Speisereste aus unserer Mülltonne!

(Text aus: Gerleit, Annegret, Ausgeschlafen? Aufstehen!, in: Spatz, Heft 3 (2018), S. 9.)

1. Setze ä ein.

Stadt	⇨	St......dte
Garten	⇨	G......rten
Wald	⇨	W......lder

2. Fahre alle ü nach.

Nüsse öfter zufällig Nähe

Mülltonne Regenwürmer

3. Schreibe die Mehrzahl auf.

 Maus 

 Vogel

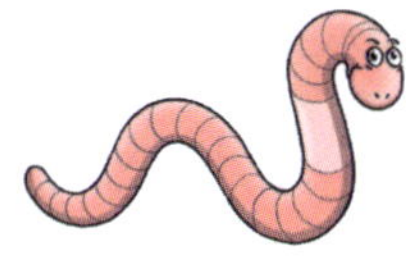 Regenwurm

4. Setze ä, ü oder ö ein.

Wohnt eine Maus vor deiner Haust......r?

Der Fuchs ist ein echter R......uber.

Am liebsten mag er M......use,
V......gel und Regenw......rmer.

Der Buchstabenvogel

Auf einem Baum, nahe beim Schulhaus, hat ein Vogel sein Nest. Jeden Tag schaut er von einem Ast aus den Kindern zu.
„Warum schreiben die Kinder?“, fragt der Vogel die Eule, die auf dem nächsten Baum wohnt.
„Damit sie klug werden“, sagt die Eule.
„Ich will auch klug werden!“, denkt der Vogel.
„Ich will klug werden wie die Eule!“
Jeden Morgen in der großen Pause stehen die Fenster offen, und das Schulzimmer ist leer.
Der Vogel fliegt durchs Fenster und hüpft tipp! tipp! tipp! auf den Pulten herum. Auf den Pulten liegen offene Hefte.
Die Buchstaben in den Heften riechen nach frischer Tinte.
„Ich will die Buchstaben fressen“, denkt der Vogel,
„dann werde ich klug. Klug wie die Eule!“
Er pickt an einem kleinen a. Pick! pick! pick!
„Nicht schlecht“, krächzt er und schnabuliert den Buchstaben.

(Text aus: Hasler, Eveline, Der Buchstabenvogel, dtv Verlagsgesellschaft 1986, S. 5–12.)

1. Kreise alle Namenwörter (Nomen) ein.

2. Schreibe diese Nomen (Namenwörter) mit Artikel (Begleiter) hier auf.

der Vogel

3. Schreibe die Nomen (Namenwörter) mit Artikel (Begleiter) auf.

4. Ergänze die Mehrzahl (Plural).

Baum →

Vogel →

Eule →

Bei uns Bienen

Hallo! Ich bin Mia, die kleine Honigbiene.
Möchtest du wissen, wie ich meinen Tag verbringe?
Komm, ich zeige es dir!

Wir Bienen und Hummeln sind Insekten und sehr wichtig für die Natur. Wir bestäuben die Blüten vieler Pflanzen. Ohne Bestäubung gäbe es keine Äpfel, Birnen oder Kirschen und auch keinen Honig!

Wie alle Insekten haben wir sechs Beine. Unser Körper besteht aus drei Teilen: Kopf, Brust und Hinterleib.
Mit zwei Paar Flügeln fliegen wir. **Sssssssss!** (...)
Wir Bienen und Hummeln haben einen pelzigen Körper. Wir sehen mit zwei großen und drei kleinen Augen. Unsere Zunge ist sehr lang.

(Text aus: Sixt, Eva, Superleser! Flieg los, kleine Biene! 1. Lesestufe, Sach-Geschichten für Erstleser, Dorling Kindersley Verlag 2017, S. 4–9.)

1. Trenne die Wörter in den Sätzen durch Striche.

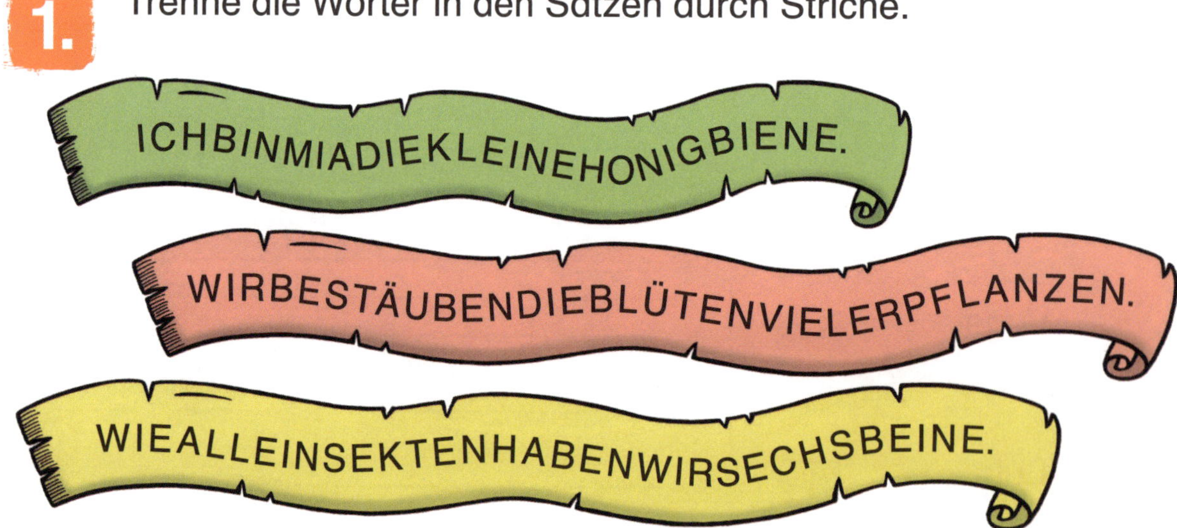

2. Lies den Satz. Welches Wort kommt nicht vor?
Streiche das Bild durch.

OHNEBESTÄUBUNGGÄBEESKEINEÄPFEL,BIRNEN ODERKIRSCHENUNDAUCHKEINENHONIG.

3. Beschrifte alle Körperteile der Biene.

KOPFBRUSTFLÜGELAUGEBEIN

4. Wie viele Wörter hat der Satz? Kreise ein.

WIRBIENENUNDHUMMELNHABENEINENPELZIGEN KÖRPER.

Enjo lebt in der Savanne

(…) Letzte Nacht hat Enjo die Elefanten gehört. Die Herde stapfte um die kleine Siedlung und zertrampelte einige Pflanzen auf den Feldern.
Schon wieder! Aber wenigstens sind die Dickhäuter keine Raubtiere, die Rinder und Ziegen reißen.

Die fünfjährige Enjo gehört zum Volk der Massai. Ihre Vorfahren sind als Nomaden durch die Savanne gezogen. Sie wissen, wie sie sich und ihre Tiere gegen Löwen und Hyänen schützen. Rings um ihre Hütten haben sie einen Ring aus dornigen Ästen gebaut. Der sorgt dafür, dass die hungrigen Räuber draußen bleiben. Wie nah die Wildtiere kommen, merkt Enjo immer wieder an den Spuren, die sie in der Erde hinterlassen. Oder an den Geräuschen in der Nacht …

(Text aus: GEOmini Entdecker, Heft 6 (2017), S. 10–13.)

1. Wie heißt das Mädchen?
Kreise das richtige Wort ein.

2. Welche Wörter sind nicht richtig? Schreibe sie richtig auf.

3. Kreuze das richtige Wort an.

- ○ Nacht
- ○ nacht

- ○ Zertrampeln
- ○ zertrampeln

- ○ klein
- ○ Klein

- ○ Hütten
- ○ hütten

4. Wo lebt Enjo? Schreibe einen Satz.

Die Olchis aus Schmuddelfing

Auf dem Müllberg von Schmuddelfing wohnen die grünen Olchis. Die Olchis finden Müll ganz toll. Sie waschen sich nie! Die Zähne putzen sie sich natürlich auch nicht, und wenn sie gähnen, stinkt es so sehr, dass die Fliegen abstürzen und ohnmächtig auf die Erde fallen.

Auf dem Kopf haben die Olchis drei Hörner. Das sind ihre Ohren. Damit hören sie Ameisen husten, Regenwürmer rülpsen und Gänseblümchen wachsen.

Die Olchis sind zwar klein, aber sehr stark! Alle zusammen können sogar einen dicken Elefanten in die Luft stemmen.

Am liebsten muffeln die Olchis den lieben langen Tag vor sich hin. Oder sie nehmen Müllbäder und hüpfen durch Schlammpfützen. Aber manchmal fallen ihnen plötzlich tausend Dinge ein, die sie tun möchten!

(Text aus: Dietl, Erhard, Die Olchis aus Schmuddelfing, Oetinger Verlag 2014, S. 6/7.)

1. Suche die Satzanfänge im Text oben und unterstreiche den ersten Buchstaben.

2. Setze die Satzanfänge ein. Schreibe sie groß.

Sie Die Auf Die

.... dem Müllberg von Schmuddelfing wohnen die grünen Olchis.

.... Olchis finden Müll ganz toll.

.... waschen sich nie!

.... Zähne putzen sie sich natürlich auch nicht.

3. Übermale die Satzanfänge mit grünen Großbuchstaben.

am liebsten muffeln die Olchis den lieben langen Tag vor sich hin. oder sie nehmen Müllbäder und hüpfen durch Schlammpfützen. aber manchmal fallen ihnen plötzlich tausend Dinge ein, die sie tun möchten!

4. Bringe die Wörter in die richtige Reihenfolge. Schreibe den Satz auf. Schreibe den Satzanfang groß.

haben auf dem Kopf die Olchis drei Hörner.

Das Kaninchen

Das Wildkaninchen lebt an Waldrändern,
in Parkanlagen oder auch in Wohngebieten. (…)

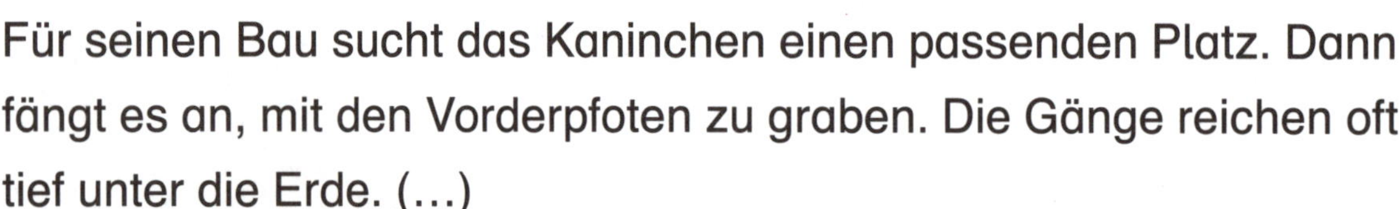

Für seinen Bau sucht das Kaninchen einen passenden Platz. Dann fängt es an, mit den Vorderpfoten zu graben. Die Gänge reichen oft tief unter die Erde. (…)
Kaninchen sind gesellig. Sie leben in einer Sippe. Das ist wie eine große Familie. Jede Sippe hat ihren eigenen Bau.
Die Kaninchen einer Sippe erkennen sich am Geruch. Fremde Kaninchen werden vertrieben. (…)
Das Kaninchen verzehrt nur Pflanzen. Gräser, Kräuter, Knospen, Wurzeln, frische Triebe und junge Blätter frisst es am liebsten.
Im Sommer und im Herbst stehen auch Beeren und Pilze auf seinem Speiseplan. (…)
Das Kaninchen kann seine Ohren unabhängig voneinander drehen.
So hört es Geräusche aus verschiedenen Richtungen.
Mit seiner feinen Nase wittert es Gerüche aus der Ferne.

(Text aus: Reichenstetter, Friederun, So leben die Tiere. Das Kaninchen und der Feldhase, Arena Verlag 2018, S. 10–19.)

1. Hier fehlen die Punkte. Füge sie ein.
Übermale die Satzanfänge grün.

Kaninchen sind gesellig sie leben in einer Sippe das ist wie eine große Familie jede Sippe hat ihren eigenen Bau

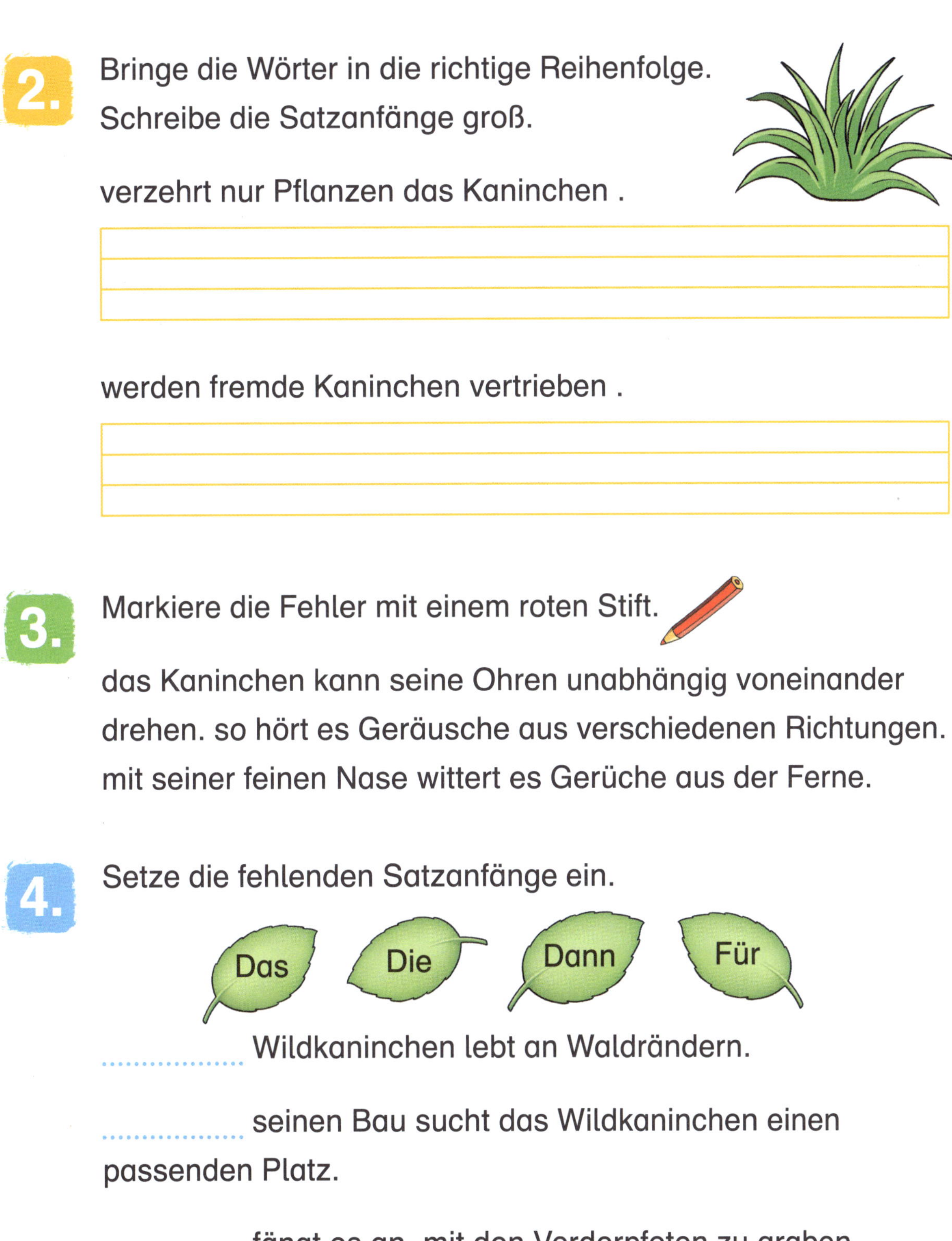

2. Bringe die Wörter in die richtige Reihenfolge. Schreibe die Satzanfänge groß.

verzehrt nur Pflanzen das Kaninchen .

werden fremde Kaninchen vertrieben .

3. Markiere die Fehler mit einem roten Stift.

das Kaninchen kann seine Ohren unabhängig voneinander drehen. so hört es Geräusche aus verschiedenen Richtungen. mit seiner feinen Nase wittert es Gerüche aus der Ferne.

4. Setze die fehlenden Satzanfänge ein.

Das Die Dann Für

.... Wildkaninchen lebt an Waldrändern.

.... seinen Bau sucht das Wildkaninchen einen passenden Platz.

.... fängt es an, mit den Vorderpfoten zu graben.

.... Gänge reichen oft bis tief unter die Erde.

Pauls erster Schultag

1.  R L S D

 K W D B

2.  

3.  P H aul  W J acke

F B reunde R M ax

4. SCHULTÜTE

Tiere im Garten

1. 

 2.   

 3. 

4. NEST GARTEN HECKE

Bei uns auf dem Bauernhof

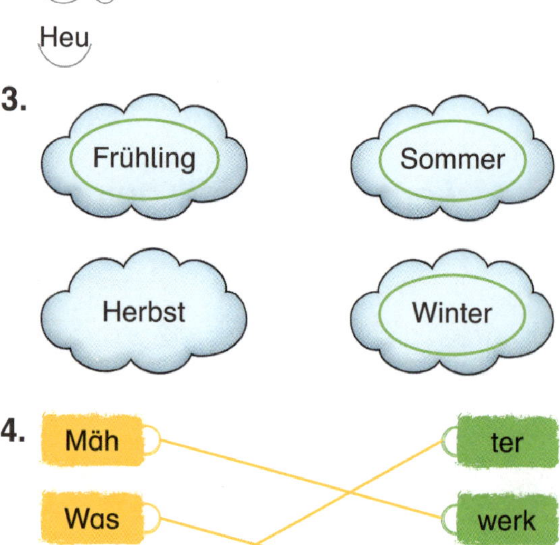

1. Erbsen

Kartoffeln

Pferde

Heu

3. Frühling Sommer

Herbst Winter

4. Mäh – werk

Was – ser

Fut – ter

Lasse in der ersten Klasse

1.   

2. Mama  Scheiben  Klasse

3.   

4. MORTADELLA

Wie die Kinder der Indianer lebten

1.
P F E I L
P F E I
P F E
P F
P
P F
P F E
P F E I
P F E I L

2. Mädchen
Junge

3.

4. Die Lütter hatten ihre kleinen Rinder immer bei sich.
Die Mütter hatten ihre kleinen Kinder immer bei sich.

Der verrückte Bauernhof

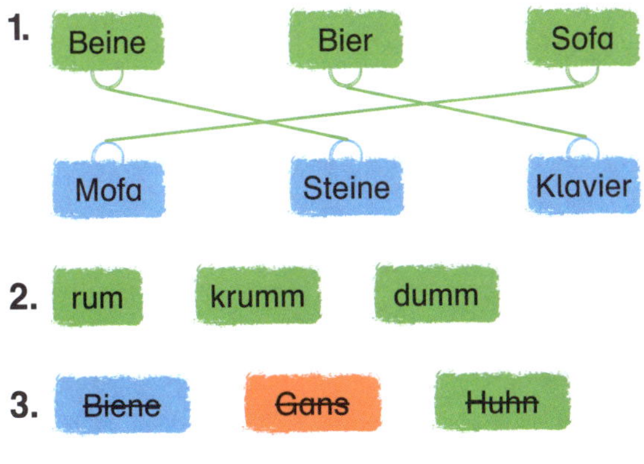

4.
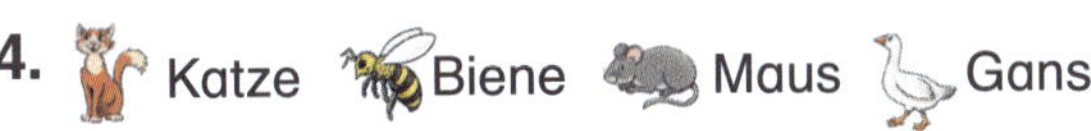

Die Feder

1.

2.
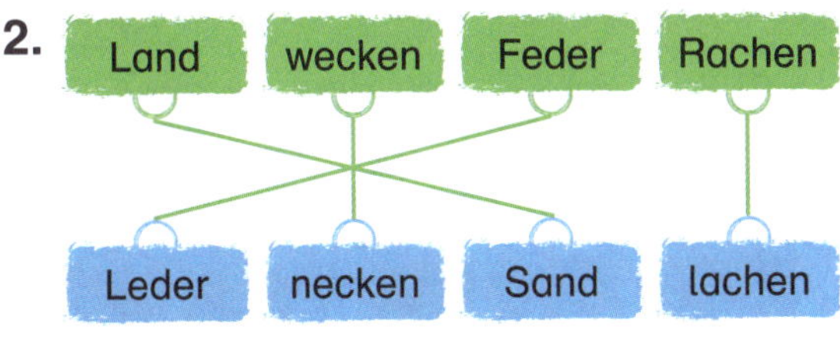

3. ~~schlafen~~

Bauernhoftiere

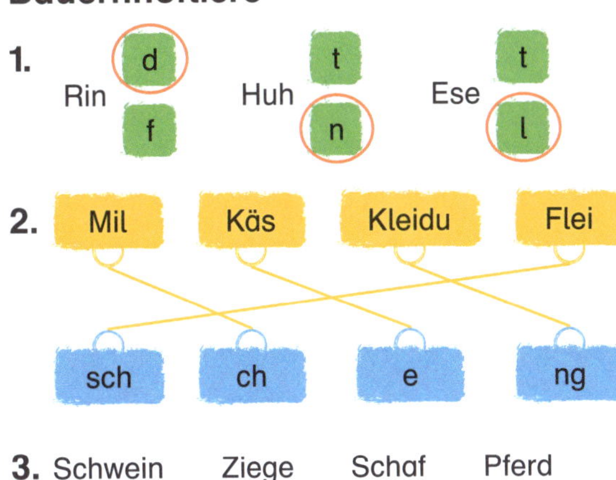

3. Schwein Ziege Schaf Pferd

4. Hund Esel Katze Kaninchen

Karneval in der Schule

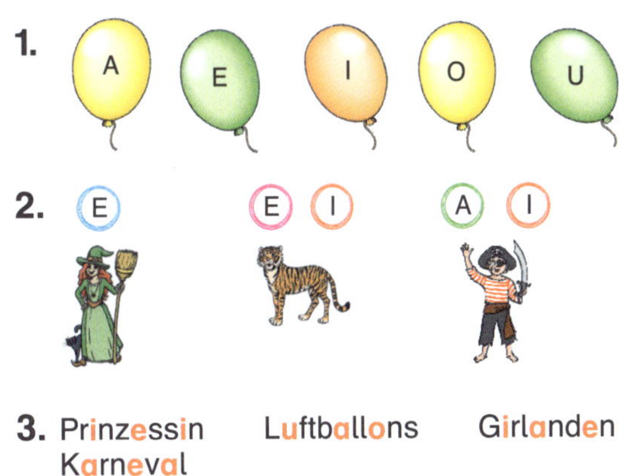

3. Prinzessin Luftballons Girlanden
Karneval

4. LIMONADE KONFETTI

Die Wohnung der Maus

1. grau Traum aus
treppauf Mauer Haus

2.

3. Haus Laus aus Strauß Klaus

4.

Das schönste Ei der Welt

1. Ei Er Ei
Ei Ei Ee

2.

3. Es waren einmal drei Hühner.
Sie stritten sich, wer die Schönste von ihnen sei.
Pünktchen besaß das schönste Kleid.
Sie konnten sich nicht einigen.
Wer das schönste Ei legt, soll gewinnen.

4. Eier Schwein Eimer Leiter

Eulen

1. Neun Eulen heulen in der Scheune.

2.

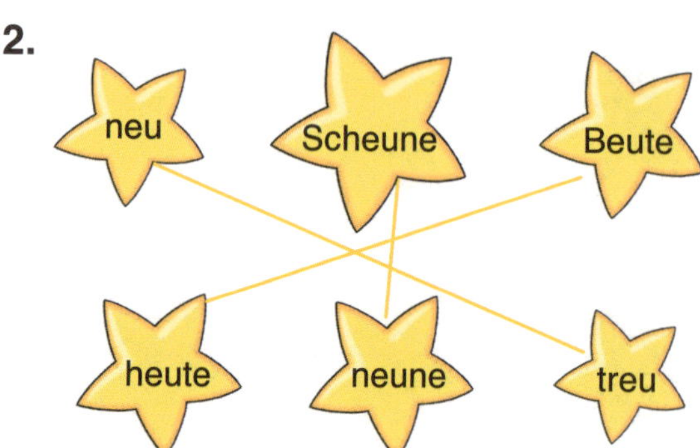

3. Die Eule ist kein Ungeheuer.
Der Kauz heult nachts.
Eulen und Mäuse sind keine Freunde.

4. Leuchtturm Teufel
Feuer Euter

Kalle, Theo und die wild gewordene Waschmaschine

1.

2. Waschsalon schmutzig Wildschwein
einschalten Wäsche Schal

3.

4. Waschmaschine

Schnecken

1.

2.

3.

4. Die Weinbergschnecke trägt ein Haus auf ihrem **Rücken**.

   Die Tigerschnecke besitzt graue **Flecken**.

   Wenn es regnet, verlässt die Nacktschnecke ihr **Versteck**.

Regenwetter

2. tropfen stampfen hüpfen
   stapfen klopfen

3. Schnupfenmann

4.

Das Gespenst spielt

1. Spiegel Spukschloss Spiel Spaß

2. Heute habe ich keine Lust zu **spuken**.
   Komm, wir **spielen**!

3. Stern Gespenst Spinne Bausteine

4. Das Gespenst ~~sp~~/st eigt aus der Truhe.

   Es ~~sp~~/st reicht sein Gewand glatt.

   Die Spinne sp/~~st~~ ringt durch das Tor hinein.

So ein Quatsch!

1. Quark Qualle Quartett qualmt
   quiekt Querflöte quakt
   Aquarium Querstreifen Quatsch

   Qu qu

2. Der Affe spielt **Querflöte**.
   Der Tiger hat **Querstreifen**.

3.
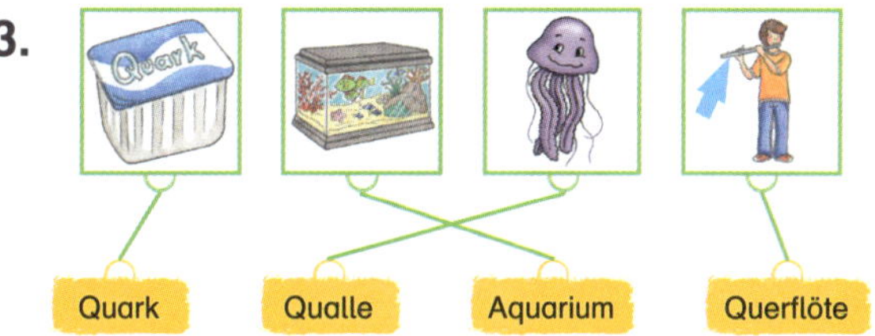

4. Der Frosch **quakt**.
   Der Schornstein **qualmt**.
   Das Schwein **quiekt**.

Die Schlange

1. Jungtier Tarnung lang hängen

2. ☒ Zange ☒ lange
   ☒ Wange ☒ Stange

3. Schlangen riechen mit der **Zunge**.

4. Känguru Hängematte
   Junge Schmetterling

Die Tulpe

1.
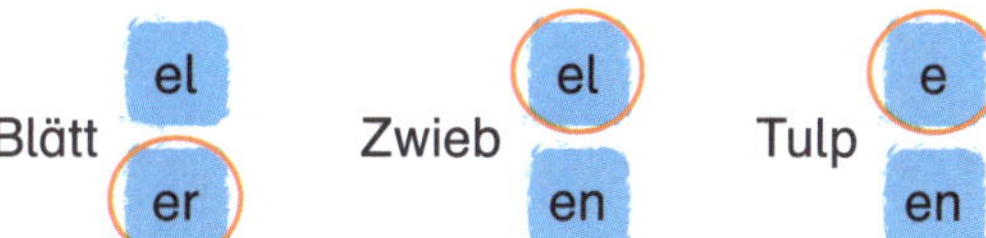

4.

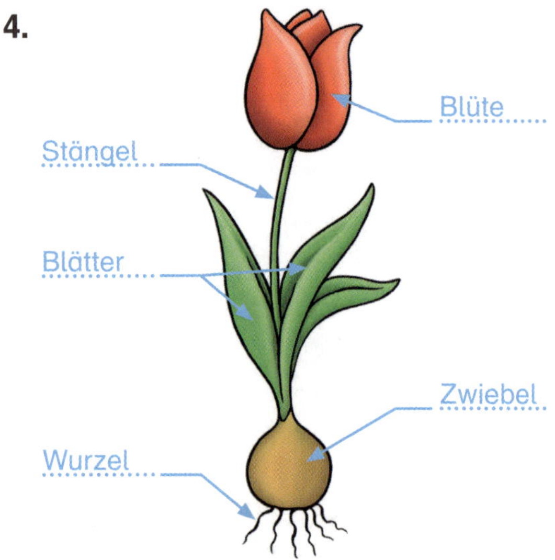

Wie das duftet!

1. Birne Buch Mensch
   Gras Sonne Mund

2. Holz

Apfel

Banane

3.

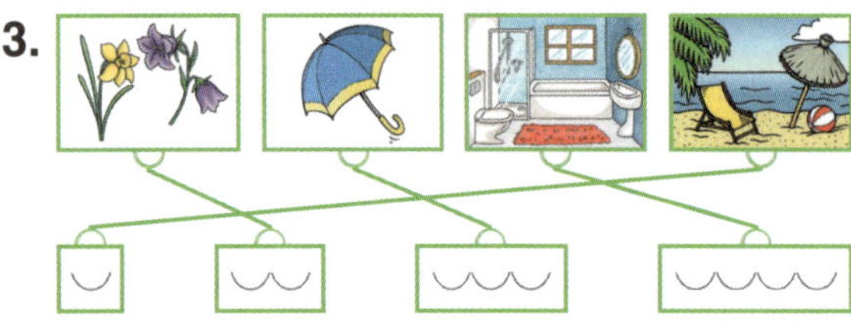

4. Tomate  Ananas

Feldmaus und Fuchs

1. Städte Gärten Wälder
2. Nüsse Mülltonne Regenwürmer
3. 

4. Wohnt eine Maus vor deiner Haustür?
   Der Fuchs ist ein echter Räuber.
   Am liebsten mag er Mäuse, Vögel und Regenwürmer.

Der Buchstabenvogel

1. Vogel Ast Heft Tag

2. der Vogel der Ast
   das Heft der Tag

3. der Baum  das Nest
   das Fenster die Eule

4. Bäume Vögel Eulen

Bei uns Bienen

1. ICH | BIN | MIA | DIE | KLEINE | HONIGBIENE.
   WIR | BESTÄUBEN | DIE | BLÜTEN | VIELER | PFLANZEN.
   WIE | ALLE | INSEKTEN | HABEN | WIR | SECHS | BEINE.

2. 

3. 

4. 8

Enjo lebt in der Savanne

1. Enjo

2. löwe ziege

3. ⊗ Nacht ○ nacht
○ Zertrampeln ⊗ zertrampeln
⊗ klein ○ Klein
⊗ Hütten ○ hütten

4. Enjo lebt in der Savanne.

Die Olchis aus Schmuddelfing

1. Auf Die Sie Die Auf Das
Damit Die Alle Am Oder Aber

2. Auf dem Müllberg von Schmuddelfing wohnen die grünen Olchis.

   Die Olchis finden Müll ganz toll.

   Sie waschen sich nie!

   Die Zähne putzen sie sich natürlich auch nicht.

3. Am liebsten muffeln die Olchis den lieben langen Tag vor sich hin.

   Oder sie nehmen Müllbäder und hüpfen durch Schlammpfützen.

   Aber manchmal fallen ihnen plötzlich tausend Dinge ein, die sie tun möchten!

4. Auf dem Kopf haben die Olchis drei Hörner.

Das Kaninchen

1. Kaninchen sind gesellig.

   Sie leben in einer Sippe.

   Das ist wie eine große Familie.

   Jede Sippe hat ihren eigenen Bau.

2. Das Kaninchen verzehrt nur Pflanzen.

   Fremde Kaninchen werden vertrieben.

3. Das Kaninchen kann seine Ohren unabhängig voneinander drehen.

   So hört es Geräusche aus verschiedenen Richtungen.

   Mit seiner feinen Nase wittert es Gerüche aus der Ferne.

4. Das Wildkaninchen lebt an Waldrändern.

   Für seinen Bau sucht das Wildkaninchen einen passenden Platz.

   Dann fängt es an, mit den Vorderpfoten zu graben.

   Die Gänge reichen oft bis tief unter die Erde.

Bildnachweis

Claudia Bichler: S. 12 (Schule), S. 18 (Herd), S. 19 (Bilderrahmen), S. 20 (Ziege), S. 21 (Ziege), S. 25 (Zaun), S. 29 (Teufel), S. 30 (Schreibtisch), S. 34 (Bilderrahmen), S. 39 (Quark, Aquarium, Junge mit Querflöte), S. 45 (Badezimmer, Schokolade, Ananas), S. 51 (Milch, Honig), S. 58 (Schule), S. 59 (Herd), S. 60 (Zaun, Teufel, Schreibtisch), S. 61 (Quark, Aquarium, Junge mit Querflöte), S. 62 (Badezimmer, Milch)

Anja Imke: S. 6 (Katze, Baum), S. 7 (Schulranzen, Herz, Katze), S. 8 (Baum, Blatt, Blume, Hut, Sonne), S. 9, S. 11 (Wolken), S. 12 (Mond), S. 13 (Lehrer, Würfel), S. 14 (Indianer), S. 15 (Puppe, Pfeil und Bogen), S. 17 (Katze, Biene, Maus, Gans), S. 18 (Nilpferd, Elefant, Schnecke, Sonne, Schmetterling, Auto, Herz), S. 20 (Schaf), S. 21 (Schwein, Schaf, Pferd), S. 22 (Luftballons), S. 23 (Hexe, Tiger, Saft), S. 25 (Maus, Baum, Tür, Katze, Haus, Auge, Baum, Auto), S. 27, S. 28 (Eule, Sterne), S. 29 (Leuchtturm, Feuer, Kuh), S. 30 (Geschenk, Hose), S. 30 (Schnecke, Schlange, Wildschwein, Schaf), S. 32, S. 33, S. 35 (Regentropfen, Zopf, Topf, Knopf), S. 36, S. 37 (Stern, Gespenst, Spinne, Bausteine), S. 39 (Qualle, Luftballons), S. 40 (Schlange unten), S. 41 (Känguru, Hängematte, Junge, Schmetterling), S. 42, S. 43 (Tulpe), S. 44 (Birne, Buch, Frau, Gras, Sonne, Mund), S. 45 (Blumen, Regenschirm, Strand, Tomate), S. 46 (Maus, Fuchs, Pfeile), S. 47 (Maus, Vogel, Regenwurm, Pfeile), S. 49 (Baum, Nest, Fenster, Eule, Pfeile), S. 50 (Schriftrollen), S. 51 (Apfel, Birne, Kirschen), S. 53, S. 55 (Kugeln, Stift), S. 56 (Kaninchen), S. 57, S. 58 (Schulranzen, Herz, Katze, Baum, Blatt, Blume, Maus, Regenwurm, Ameise, Amsel, Schmetterling, Schnecke, Möwe, Wolken, Mond, Lehrer, Würfel), S. 59 (Puppe, Pfeil und Bogen, Katze, Biene, Maus, Gans, Luftballons, Hexe, Tiger), S. 60 (Maus, Baum, Haus, Auge, Auto, Würfel, Eierkarton, Kleid, Beine, Sterne, Leuchtturm, Feuer, Kuh, Geschenk, Hose), S. 61 (Fleck, Brücke, Jacke, Sack, Blätter, Kamel, Käse, Wecker, Schmetterling, Trommel, Zopf, Topf, Knopf, Qualle), S. 62 (Tulpe, Blumen, Regenschirm, Strand, Pfeile, Maus, Vogel, Wurm, Baum, Nest, Fenster, Eule), S. 63 (Elefanten)

klesign/adobe.stock.com: S. 37 (Sprechblasen)

Jutta Wetzel: S. 1, S. 2, S. 3, S. 4, S. 5, S. 6 (Schuljunge, Rakete, Dino), S. 7 (Monster), S. 8 (Gartenbild), S. 10, S. 11 (Monster), S. 12 (Lasse mit Denkblasen, Rakete, Lasse), S. 13 (Monster, Astronaut, Wurstverkäufer), S. 14 (Monster), S. 15 (Monster, Tipi), S. 16, S. 17 (Monster), S. 19 (Monster), S. 20 (Monster), S. 22 (Junge im Piratenkostüm, Monster), S. 23 (Monster, Junge im Piratenkostüm, Konfetti), S. 24, S. 25 (Pfau), S. 26, S. 28 (Monster), S. 30 (Waschmaschine, Waschbär, Igel), S. 31 (Monster, Igel, Waschbär), S. 34 (Schnupfenmann), S. 35 (Schnupfenmann), S. 37 (Monster), S. 38, S. 39 (Monster), S. 40 (Schlange oben), S. 41 (Monster), S. 43 (Monster), S. 44 (Mädchen mit Denkblase), S. 45 (Monster), S. 46 (Monster), S. 47 (Monster), S. 48, S. 49 (Monster), S. 50 (Hummeln, Bienen), S. 51 (Biene), S. 52, S. 54, S. 55 (Monster), S. 56 (Monster), S. 58 (Lasse, Astronaut, Wurstverkäufer), S. 59 (Tipi, Junge im Piratenkostüm), S. 60 (Pfau, Waschmaschine, Igel), S. 62 (Biene), S. 63 (Monster), S. 64, Stickerbild